NEO BOOKS

1000+ Must Know Words in Fon/Fɔngbè

Illustrated Fon/Fɔngbè-English Dictionary

by Kɔkú Hachèmе

THE FONGBE ALPHABETS – FƆNGBEKPLɔ̀NKPLƆ̀N

Aa Àfɔ̀kpá
Shoe

Bb Bisú
Bus

Cc Cyɔ́vɔ̀
Shroud

Dd Dotɛ́
Ginger

Ɖɖ Ɖùɖètɔ́
Dentist

Ff Fá
Wet

Gg Gǎn
Chief

GBgb Gbadé
Maize

Hh Hwɛɖɔtɔ́
Judge

Jj Jìwû
Raincoat

Kk Kùn
Drive

KPkp Kpá
Fence

Ll Logozò
Tortoise

Mm Mɔ́likún
Rice

Nn Nù
Drink

NYny
Nyibú
Beef

Ss Sɛ́n
To Cut

Tt Tikě
Ticket

Vv Vlɔ́
Cut (like cut
into two pieces)

Ww Wěmâ
Book

Xx Xòtà
Roof

Yy Yɔ́
Melt
(Ice Melting)

Zz Zà
Weep

3

IBAT – XÍXA

½	**Mìmà Wègɔ́ɔ́** One Half
⅓	**Mìmà Àtɔ́ngɔ́ɔ́** One Third
¼	**Mìmà Ɛ̀nɛ̀gɔ́ɔ́** One Fourth
0	**Nùtí** Zero
1	**Ðòkpó/Òdẹ́** One
2	**(Ò)wé** Two
3	**Àtɔ̀n** Three
4	**Ɛ̀nɛ̀** Four
5	**Àtɔ́ɔ́n** Five
6	**Àyìzɛ́n** Six
7	**Tɛ́nwê** Seven
8	**Tántɔ̂n** Eight
9	**Tɛ́nnɛ̂** Nine
10	**Wó** Ten
11	**Wò dòkpó** Eleven
12	**Wèwé** Twelve
13	**Wàtɔ̀n** Thirteen
14	**Wɛ̀nɛ̀** Fourteen
15	**Àfɔ̀tɔ̀n** Fifteen
16	**Àfɔ̀tɔ̀n nùnkún dòkpó** Sixteen
17	**Àfɔ̀tɔ̀n nùnkún wé** Seventeen
18	**Àfɔ̀tɔ̀n nùnkún àtɔ̀n** Eighteen
19	**Àfɔ̀tɔ̀n nùnkún ɛ̀nɛ̀** Nineteen
20	**Kò** Twenty

21	**Kò nùnkún dòkpó** Twenty One
22	**Kò nùnkún wé** Twenty Two
23	**Kò nùnkún àtɔ̀n** Twenty Three
24	**Kò nùnkún ɛ̀nɛ̀** Twenty Four
25	**Kò àtɔ̀n** Twenty Five
26	**Kò àtɔ̀n nùnkún dòkpó** Twenty Six
27	**Kò àtɔ̀n nùnkún wé** Twenty Seven
28	**Kò àtɔ̀n nùnkún àtɔ̀n** Twenty Eight
29	**Kò àtɔ̀n nùnkún ɛ̀nɛ̀** Twenty Nine
30	**Gbàn** Thirty
31	**Gbàn nùnkún dòkpó** Thirty One
32	**Gbàn nùnkún wé** Thirty Two
33	**Gbànnùnkún àtɔ̀n** Thirty Three
34	**Gbàn nùnkún ɛ̀nɛ̀** Thirty Four
35	**Gbàn àtɔ̀n** Thirty Five
36	**Gbàn àtɔ̀n nùnkún dòkpó** Thirty Six
37	**Gbàn àtɔ̀n nùnkún wé** Thirty Seven
38	**Gbàn Kò àtɔ̀n nùnkún àtɔ̀n** Thirty Eight
39	**Gbàn àtɔ̀n nùnkún ɛ̀nɛ̀** Thirty Nine
40	**Kàndẹ́** Forty
50	**Kandẹ́ wǒ** Fifty
60	**Kàndẹ́ ko** Sixty
70	**Kàndẹgban** Seventy
80	**Kànwè** Eighty

90	**Kànwè wǒ** Ninety
100	**Kán-wé-kó** One Hundred
120	**Kán tɔ̀n** One Hundred Twenty
160	**Kɛ̀nɛ̀** One Hundred Sixty
200	**Àfɔ̀ dẹ́** Two Hundred
400	**Àfɔ̀ wé** Four Hundred
600	**Núɔ̀tɔ̀n** Six Hundred
800	**Àfɛ̀nɛ̀** Eight Hundred
1,000	**Àfàtɔ́ɔ́n** One Thousand
1,200	**Àfɔ̀ Àyizɛ́n** One Thousand Two Hundred
4,000	**Ðégbà** Four Thousand
5,000	**Ðégbà dẹ́ afatɔ́n** Five Thousand
8,000	**Ðégbà wé** Eight Thousand
12,000	**Ðégbà tɔ́n** Twelve Thousand

PARTS OF THE BODY – AWÙTÚGONÚ AGBAZA GBÈTÓ TON

Nùkɔ̀n
Forehead

Nùnkún
Eye

Nù
Mouth

Đɛ̌
Tongue

Alɔví
Fingers

Àlɔgó
Wrist

Awadámɛ̀
Armpit

Àlinxu
Hip

Ahɔn
Navel

Àfɔ̀
Foot

Tà
Head

Àɔ̀ntín
Nose

Tó
Ear

Klɛn
Cheek

Àlɔ̀
Hand

Alɔ̀kpákpá
Palm of the hand

Àkónta/Anɔ̌
Chest/Breast

Xómɛ̀
Stomach

Đà
Hair

Azo gudo
Back of the head

Abɔ̌ta
Shoulder

Nɛgbé
Back

Alɔgóli/Awagóli
Elbow

Ñkañ
Side

Asá
Thigh/Lap

Afɔví
Toes

Òkɔ̀
Neck

Àɖú
Teeth

Gbakɔ̀/Gbaxwe
Chin

Àwà
Arm

Fɛ̀n
Fingernails

Gogó
Buttocks

Kolì
Knee

Afɔkpakpa
Sole of the foot

Getɛ́
Legs

CALENDAR – AZÀNWÈMÁ

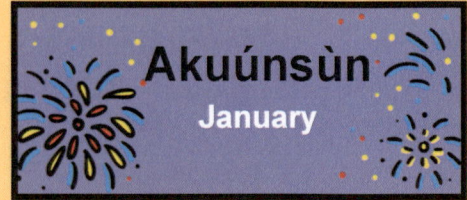
Akuúnsùn
January

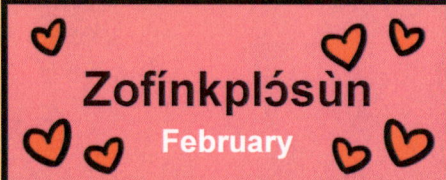
Zofínkplósùn
February

Xwèjísùn
March

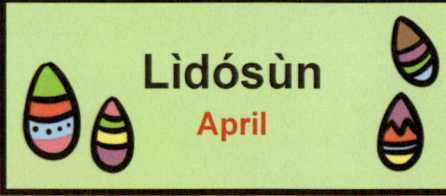
Lìdósùn
April

Nùkúnxwásùn
May

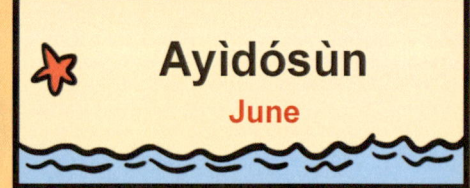
Ayìdósùn
June

Liyasùn
July

Avivòsùn
August

Zosùn
September

Kónyásùn
October

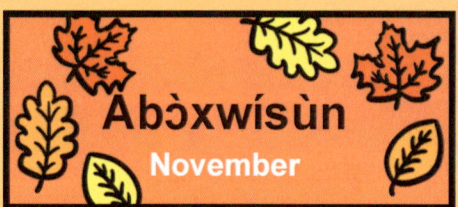
Abòxwísùn
November

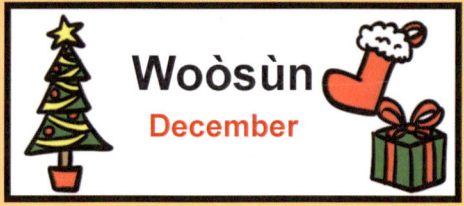
Woòsùn
December

DAYS OF THE WEEK – AKLÚNÓNZÁNGBLÁMÈ

Aklúnónzángbè
Sunday

Tɛnìgbè
Monday

Talágbè
Tuesday

Azăngagbè
Wednesday

Nyɔnúzángbè
Thursday

Axósúzángbè
Friday

Síbígbè
Saturday

6

COLO(U)RS – SINMÈ/HWƐKAN

Wìwì
Black

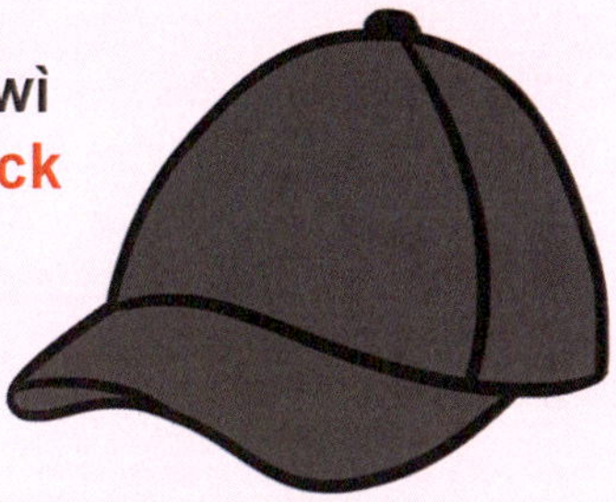

Hwélésìn
Purple

Àfínnɔ̀
Gray/Ash

Àmàmùnɔ̀
Green

Sínmὲ Kòkólà
Brown

Síká
Gold

Gbô
Orange

Gànsin
Silver

Wèwé
White

Kòklójónɔ̀
Yellow

Vɔ̀vɔ̀
Red

Fὲsinnɔ̀/Afefe
Blue

7

EMOTIONS –
LEE NŬ NƆ CÍ NÚ MƐ É

Awajijɛ
Happy

Àdán
Anger

Aluwɛ me/Lɛ́blánu
Sad/Sadness

Đì xɛ̀sì
Scared/Fear

Nùlinlin
Worry

E fyán mɛ
Surprised

Nŭ ci kɔ nú m
Tired

Àzɔ̀n
Sick/Ill

CLIMATE – HWENU

Jì hwènú
Rain

Àhún
Foggy

Wǒ
Harmattan

Aluúnhwénú
Dry

Wi mɛ̀
Warmness

Sò
Lightning

Nɔhɔn Syɛ́nsyɛ́n/ Djikèwoun
Storm

Edim
Rainy

Ayiɖó wɛɖó
Rainbow

Xɛ̀byɔ́sò dógbè
Thunder

Tɔ̀ɖisin
Flood

Whèhun
Sunny

Làglási
Snow

Jɔ̀hɔ̀n
Breeze/Windy

THIS IS THE HOUSE – XWÉGBÉ SIN NULɛ́

Xwé
House

Àwù - **Clothes**

Kɔnú
Necklace

Dowú Gbagbé
Underwear

Azà
Hat

Zàn
Bed

Kɔ̀dɔnú
Pillow

Awù
Dress

Alɔkɛ
Ring

Nkanika Gàn
Watch

Cokotogágá/ Tchokoto
Pants

Gankpò
Wallet

Gòjíblánú/ Alinka
Belt

Agbasá
Living Room

Gan
Clock

Dǒ
Wall

Òzán
Mat

Àzìnkpò
Chair

Mɛmɔgbɔ̀n-wɛ̀kɛ́lámɛ̀
Television

Zinkpò
Coach

Adoxɔsa(Adowe)
Kitchen

Gànú
Bowl

Jɛ̀
Salt

Gǎfú
Fork

Kɔ́mɛ́nú
Dust Pan

Sin
Water

Agban
Plates

Gàntin
Spoon

Núɖúɖú
Food

Ganzɛ̀n
Cooking Pot

Kɔ́fú
Cup

Jivǐ
Knife

Nǔfánu
Refrigerator

Tàvò
Table

Adoxɔsa gánnú
Stove

Zǔkɔ́kplétɛ̀n
Garbage

Akízà
Broom

Mkpi Itighe
Stool

Sìnglónú
Umbrella

Djikpámɛ̀
Garden

10

Xɔtà
Roof

Fòló/flówà - **Flower**

Fɔ́tóò
(do adǒ wú)
Picture
(on the wall)

Hòn
Door

Zò
Fire

Flésɛ́ɛ
Window

Gò
Bottle

Anɔnsìn
Body
Lotion

Numɛklɔ́nú
Toothbrush
Patu
Toothpaste

Wèkpɛ́n/
Noukpèn
Mirror

Akakadà
Shelf

Nugúdó
Toilet

Zogbɛ́n /Dómyɔ̀
Lamp

Gbàvíbówún-
bówún
Radio

Mɔnkuítíkuíti
Computer

Jɔhɔnnyinú
Fan

Sìn àvìvɔ̀
Cold Water

Wulɛ̀kpá
Bathroom

Wúsúnvɔ̀
Towel

Sìn Hùnzó
Hot Water

Adǐ
Soap

Tekàn
Sponge

11

ON THE FARM – GLÈMÈ SÍN NÙ LÈ

Àfíntúntún
Dust

Kòkló
Chicken

Àzìzò
Smoke

Alyá
Ladder

Agàságò
Padlock

Gbàd̆ę́
Corn

Mancínú Glèlètòn
Tractor

Xàsún
Basket

Aglúzà
Pig

Glèlètó/Glesi
Farmer

Tl̆ŏtl̆ŏ
Turkey

Nyìbú
Cow

Alĭn
Hoe

Kàn
Rope

Sóò
Bucket

Azwí
Rabbit

Kpá/Dodido
Fence

Àtín
Wood

Lèngbó
Sheep

Awĭnyà
Stone

Tecíd̆ę́
Scissors

Sɔ́
Horse

Àmà
Grass

Kɔ́
Sand

Jìví Đàxó
Cutlass

Kpò
Stick

Gbŏ
Goat

Đɔ
Net

Kɛ́kɛ́
Bike

Sónú
Guinea Fowl

Àsyɔ́
Axe

FRUITS, VEGETABLES & NUTS – ATÍNSÍNSEɛ́N Lɛ KPO MAN Lɛ KPO ÄMÄNMUN

Kajŭ
Cashew

Timátì
Tomato

Feví
Okra

Fɛnnyɛ́/ Adjagoun
Cassava

Yòvózɛ̀n
Orange

Wɛlí
Sweet Potato

Raisin
Grapes

Lĭmà
Pumpkin

Gbàdɛ́
Corn

Lĕnkɛnkún/ Atakún
Bell Pepper

Mágà
Mango

Tèvi
Yam

Àgònkɛ́
Coconut

Klé
Lemon

Ibǫñ
Kolanut

Mǎsà/Ayomásá
Onion

Yɛtɛ́
**Scotch
Bonnet
Pepper**

Áyò
Garlic

Ayikún
Beans

Aslɔ̀
Potato

Dotɛ́
Ginger

Adínkpɛ́
Paw-paw

Aziín
**Peanuts/
Groundnuts**

Aubergine
du Jardin
**Garden Eggs
(African Eggplant)**

Léké
Sugarcane

Huntó
Mushroom

Kwékwé
Banana

Inyañ Afia
Spinach

Ekpǫd
Walnut

Lǐmà Kwín
Melon Seeds

Takín
**Chili
Peppers**

Takín Wiwi
Black Peppers

Agɔ́ndé
Pineapple

ANIMALS – KÀNLÍN

Hɔ̀nsúhɔ́nsú
Eagle

Kɛsɛ́
Parrot

Akukwọ
Hawk

Awhannnɛ́/
Xwelé
Dove

Àtò
Monkey

Toké
Bat

Azɛ̌xɛ̀
Owl

Àsón
Crab

Hérisson
Hedgehog

Àwii
Cat

Hwèví
Fish

Àhwàn-né
Pigeon

Ekpe
Cheetah

Nkọp
Lobster

Ayìsájɛ̀
Fox

Ðɛgbó/Aklakou
Hippopotamus

Yɛ̀
Spider

Aganma/
Alôtlô
Lizard

Sukpɔ̀
Housefly

Hɔ̀nkéklé
Scorpion

Lò
Crocodile

Zànsoukpɛ̀
Mosquito

Àgbǐ
Snail

Cafard
Cockroach

Dɔ̀n
Squirrel

Gbowelé
Shark

Logozò
Tortoise

Ahlǐnhǎn
Peacock

Àcúvi
Rat

16

Àdjinakoú
Elephant

Kìnìkíni
Lion

Hlà
Hyena

Sɔ́ Kɛ́tɛ́kɛ́tɛ́
Donkey

Agbanlín
Antelope

Kpɔ̀vɛ̌
Tiger

Agbò
Buffalo

WORK – ÀZƆ̌

Hwèhùtɔ́
Police Officer

Dobatɔ́
Investigator

Aɖawùnzɔ̀wàtɔ́
Artist

Hànjitɔ́
Musician

Ðakpatɔ́
Hairdresser

Aɖawùnwatɔ́
Engineer

Vìjítɔ́
Midwife

Ðĕmɛnu
Lawyer

Ðùɖètɔ́
Dentist

Hwɛɖɔtɔ́
Judge

Nùkplɔ́ntɔ́
Student

Nùkplɔ́nmɛtɔ́
Professor

Avɔtɔtɔ́
Tailor

Lanhutɔ́
Butcher

Nŭblotɔ́
Architect

Sìcízònatɔ́
Fireman

Fletuntɔ́
Blacksmith

Àmàsinɖàtɔ́
Pharmacist

Hwèvílitɔ́/Ɖɔnyitɔ
Fisherman

Mɛsi
Teacher

Lèngbɔ́nyitɔ́
Shepherd

Dòtóò/
Amassiwato
Doctor

Jɔmɛhún-
kùntɔ́
Pilot

Hùnkúntɔ́/ Gbènyatô
Hunter

Xójláwémálatɔ́
Journalist

Xɔtlɛ́tɔ́
Builder

Atínkpatɔ́
Carpenter

Nùnywɛ̀tɔ́
Scientist

Mànàhɛ̀n bló to
Actor

Akwɛ́xátɔ́
Accountant

Atáxwlɛ́tɔ́
Barber

Manahɛ̀nblotɔ́
Comedian

Nǔnɔ́
Author

Nùɖatɔ́gán
Chef

TRANSPORTATION – MƆTƆ

Hŭnkplétèn
Parking

Tasǐ
Taxi

Bisú
Bus

Jɔ̀mɛ́hún
Airplane

Mŏtò/Hŭn
Car

Tikě
Ticket

Zòkɛ́kɛ́
Motorcycle

Tɔ̀jihún
Boat

Pípàn
Train

BUILDINGS – XƆGBIGBÁZƆ́

Nùtɔ́nu
Needle Injection

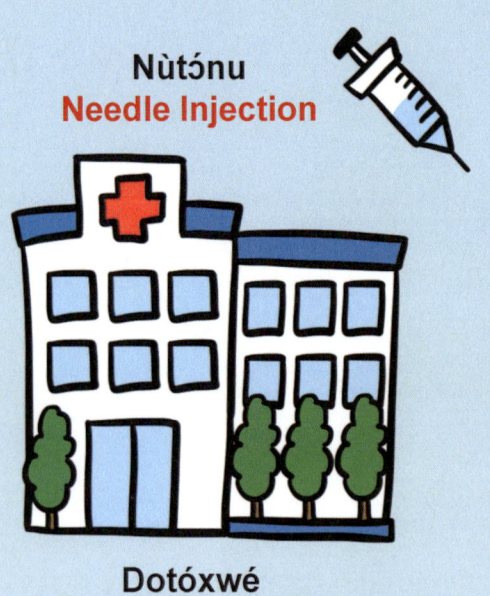

Dotóxwé
Hospital

Wĕmâ
Book

Azɔ̀n mɛ̀/Sikúl
School

Àkwɛ́
Money

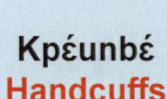

Kpɛ́unbɛ́
Handcuffs

Akwɛ́xwé
Bank

Hwɛɖɔxɔsa
Law Court

Nùɖútɛ̀n/
Otɛli
Hotel

Àgbá
Luggage

PERSON/PEOPLE – Mὲ

Súnú
Man

Àhɔn-súsú/ Tasunsun
Baldness

Nyɔ́nû
Woman

Dyɔ̀ví
Girl

Wu-Kúkú/Wông- blemônô
Paraplegic

Nyaví
Boy

Kpànkún
Full Figured

Kíkló/Báwùn/ Đogowungbà
Big

Tlɛ́lɛ́/Lɛ̀bɛ́
Slender/Slim

Nùkúntɔ̀nɔ/ Mamôtô
Blind

Gàgà
Tall

Kpὲví/ Glì
Small/ Short

Nyɔ́nnúví/
Ɖyɔ̌vǐ
Young Woman

Mɛ Kpikpo
Old/Elderly Person

Alɔwlítɔ́
Nyɔ́nú
Bride

Alɔwlítɔ́
Súnnú
Groom

Ɖɔ̀kpέvú
Young Man

Ɖèkpὲ
Beautiful

Yòkpò-ví
Child

Axɔ́ví
Princess

Yὲyέ-ví
Baby

Àxɔ́sú/Axô
King

Axɔ́sì
Queen

24

GREETINGS – NŬ Đ Ò DOMὲ

Kú ḍo Zânzân/Oku!
Hello!

Kú ḍo zànzán!
Good morning!

Kú ḍo hwelὲ kɔ!
Good afternoon!

Kú ḍo gbàdǎ!
Good evening!

Nὲ a ḍ ɔ́ n gbɔ̀ n?
How are you?

É kó lín bɔ̀ mǐ mɔ̀ midè!
Long time no see!

Kúabɔ̀!
Welcome!

E yi sɔ̀?
See you tomorrow!

Ku icɛ!
Good work!

A wà nŭ!
Thank you!

Kúḍo ta nyinyɔ̀!
Congratulations!

É ḍabɔ!
Good bye!

Dǒ gbὲ!
Good night!

E yi hwe ḍevo nú!
See you next time!

25

QUESTIONS – KANBIƆ̀

Àni/ Étɛ??
What?

Négbɔ̀n?
How?

Mɛ̀ ḍètɛ́?
Who?

Dè tɛ́?
Which?

Etɛ́ wútú?
Why?

Fi tɛ́?
Where?

Hwènu tɛ́?
When?

COMMANDS – GBÈḌIḌÈ

Yi!	Leave/Go!
Gbɔ̀/Nɔ̀nté/Mànyi ó	Stop/Stay/Wait
Ku ka!	Don't Go!
Jǒ mì dó nú mán nɔ̀n yèn ḍɔp-kónɔ̀n!	Leave me alone!
Wàfí/Wá	Come here/Come
Yì ḍǒn!	Go there!
Ḍɔ hó!	Speak!
Nɔ̀ abɔ̌!	Be quiet!
Mǐ ní yí!	Let's go!
Dǒ ayì xomɛ̀!	Be careful!
Jinjɔn ayǐ!	Sit down!
Lɛkɔ wa!	Come back!
Ḍotó bó sè!	Listen!
Hwlɛ̀n mi gán!	Save me!
Alɔ̀dó	Help/Relief
Mi kɛnklɛn	Please
É vɛ́ nú mì tawun	Sorry

DIRECTIONS – ALIXLɛ́Mɛ

Àmyɔ̀n
Left

Ḍísí
Right

Àgà
Up

Dò
Down

Gúdò
Behind

Jí
On top of

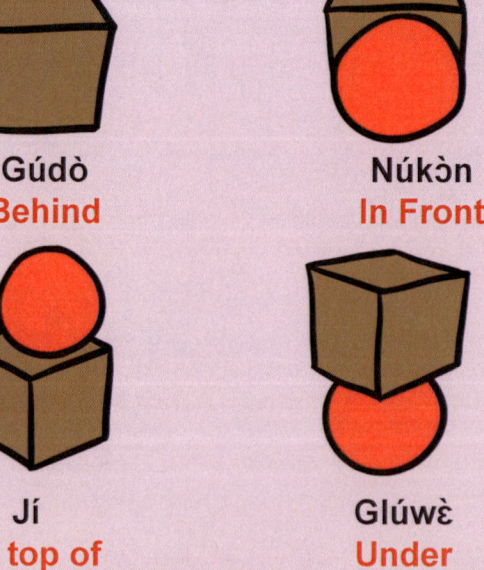

Núkɔ̀n
In Front

Glúwɛ̀
Under

CARDINAL POINTS –
AGŎSÚ ƐNƐ̀ LƐ̀

Tò taligbé/Vovolivoué - **North**

Gbadahwejí/Lissadji
West

Zǎnzǎnhwéjí
East

Afɔligbé/Xouligbo - **South**

MEMBERS OF THE SKY –
JÌNÚKÚNSÍN

Jì-xwé/Djinoukounsoun
Sky

Hwè
Sun

Sùnví
Star

Àkpókpó/Azizô
Cloud

Sùn
Moon

27

Ayijunjɔn/ Jìján/Jìjɔ́n Àyì
Sitting

Glɔ̀n
Bending

Fɛ̀
Bend Down

Dótàgbà/Dótàdò
Headbow

Syán ayǐ
Squatting

Jɛ̀ kpòlì
To Kneel

Té/Ðò tè
Standing

Dlěn
Laying

SCHOOL – AZƆN Mɛ̀/SIKÚLI

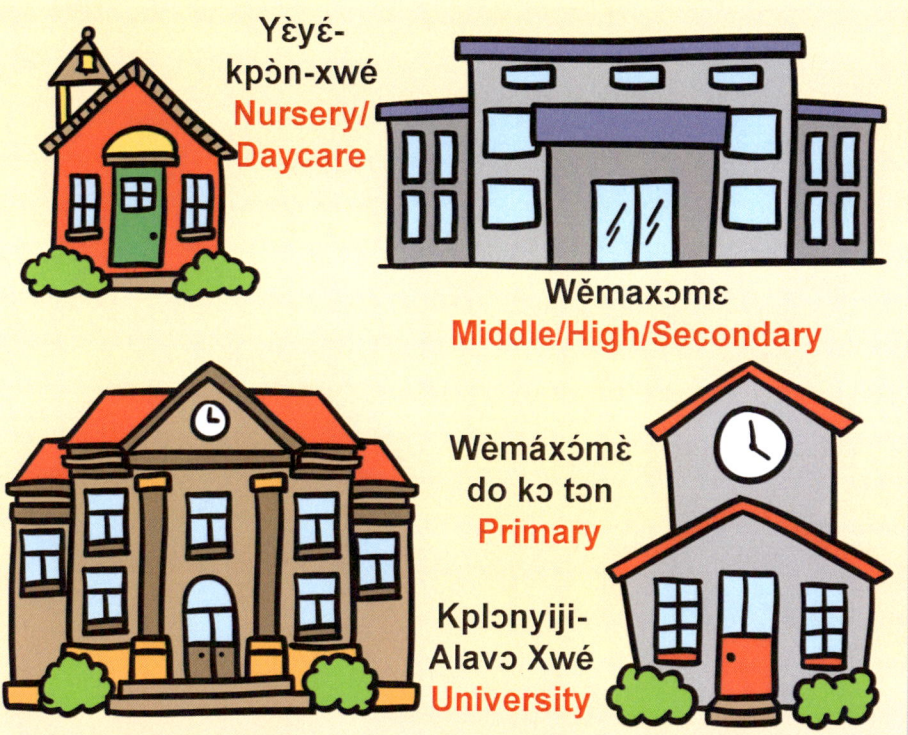

Yɛ̀yɛ́-kpɔ̀n-xwé
Nursery/Daycare

Wěmaxɔmɛ
Middle/High/Secondary

Wèmáxɔ́mɛ̀ do kɔ tɔn
Primary

Kplɔnyiji-Alavɔ Xwé
University

TALK – XÓ

Sìn	Answer
Kànbyɔ́	Question
Ɛɛn	Yes
Éǒ	No
Wànyìyí	Love
Gbě wǎn nú mɛ	Hate/Dislike

PERIOD OF THE DAY – WHENU Lɛ̀

Zǎnzǎn
**Sunrise
(7am-11am)**

Hwemɛ̀
**Midday
(Noon)**

Hwelɛ̀kɔ
**Afternoon
(Noon-2pm)**

Zin
Darkness

Dhidh
Light

Gbadanu
**Evening
(3pm-8pm)**

Zànmɛ̀
**Late Night
(9pm-11pm)**

Zànxwétè/Zàn xóxó mɛ
**Midnight
(12-2am)**

Zǎnzǎn tɛɛn
**Dawn
(4am-6am)**

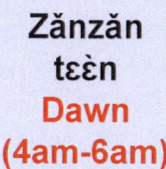

Cɛ́jú	Minutes
Gàn	Hours
Azán	Days
Aklunɔnzǎng-blámɛ	Weeks
Sùnzan	Months
Xwe/Xouè	Years
Égbè	Today
Sɔ̀	Tomorrow
Sɔ̀	Yesterday

www.ingramcontent.com/pod-product-compliance
Lightning Source LLC
Chambersburg PA
CBRC090841120626
46551CB00008B/726